Inhalt

Blu-Ray oder HD-DVD: Wer beerbt die DVD?

Kernthesen

Beitrag

Fallbeispiele

Weiterführende Literatur

Impressum

Blu-Ray oder HD-DVD: Wer beerbt die DVD?

M. Westphal

Kernthesen

- Die DVD-Technologie steht vor ihrer Ablösung.
- Bisher gibt es für den DVD-Nachfolger keinen einheitlich standardisierten Nachfolger.
- Welche Faktoren werden die Wahl der Technlogie bestimmen?

Beitrag

Die DVD-Technologie steht vor

ihrer Ablösung

Der Markt für DVD-Player wird von einer neuen Generation erobert, die im Gegensatz zu den bisherigen roten Laser-Strahlen blaue, mit deutlich kürzerer Wellenlänge, zum Abtasten der rotierenden Scheiben nutzt.
Die Technik ist seit Einführung der CD im Wesentlichen die gleiche geblieben. Die zwölf Zentimeter große Scheibe wird mit einer spiralförmig von innen nach außen verlaufenden gebrannten Vertiefung versehen. Die enthaltenen Daten sehen aus wie Fahrbahnmarkierungen und bestehen aus winzigen Strichen und Punkten (sogenannten Pits), die einen Laser schwach reflektieren. Das Laserlicht wird von einer Fotodiode aufgefangen und in elektrische Signale umgewandelt.
Der einzige Unterschied zur neuesten Technologie besteht darin, dass sie einfach viel feiner ist, so ist der Abstand zwischen den Bahnen der Spirale enger und die Pits und Lands kleiner. (1)

Der Vorteil des blauen Lasers liegt in der engeren Fokussierung des Strahls wodurch der Abstand zwischen den Bahnen der Spirale enger sein kann. So lassen sich auf derartigen Scheiben bis zu fünf mal so viele Töne und Bilder speichern als auf den herkömmlichen DVDs.
In Japan werden die ersten Geräte mit der neuen

Technologie bereits verkauft. Zum Weihnachtsgeschäft 2005 sollen dann auch die europäischen Kunden mit dieser Technik beglückt werden. (1)
Blaue Laser-Dioden mit einer Wellenlänge von bis zu 390 Nanometern wurden erstmals 1994 vom Halbleiter-Physiker Shuji Nakamura bei der japanischen Firma Nichia entwickelt. Die Schallgrenze von 100 000 Stunden Lebensdauer (ausreichend für den kommerziellen Einsatz) wurde dann 1999 erreicht. (1)

Die Unterschiede der beiden aktuell konkurrierenden Systeme liegen insbesondere in der Masse der zu speichernden Daten, so lassen sich mittels Blu-Ray deutlich mehr Daten auf einer Disk speichern (27 Gigabyte bei einseitiger Beschriftung) als mit High-Density-DVDs (HD-DVD) (15 Gigabyte bei einseitiger Beschriftung). (1)
Die DVD, die eigentlich wegen ihres Detailreichtums angepriesen wird, bringt es mit 720 mal 576 Bildpunkten eher auf eine kümmerliche Auflösung. Die High Definition-Auflösung von HDTV ermöglicht 1 920 mal 1 080 Bildpunkte. (7)
Da der Laser im Falle Blu-Rays mittels einer speziellen Linse deutlich enger gebündelt wird, muss die Linse näher an die Disc gerückt und so die Schutzschicht verdünnt werden. Daher galt die HD-Technik zunächst auch als langlebiger. (1)

Die noch leistungsfähigeren Speichermedien z. B. für Filme in höherer Auflösung können dann auch Filme im hochauflösenden Fernseh-Standard HDTV (High Definition Television), der in absehbarer Zeit auch in Deutschland eingeführt werden soll, speichern. Denn in der neuen Auflösung würde ein Film dann kaum noch auf eine herkömmliche DVD passen.

Schon bei der DVD musste sich der Kunde durch einen Dschungel an Format-Varianten (DVD-R, DVD+R, DVD-RW, DVD+RW) kämpfen. Ob er dieses mal zu den Gewinnern zählt, ist noch fraglich.

Die alte DVD läuft auf beiden Systemen.

Bisher gibt es für den DVD-Nachfolger keinen einheitlich standardisierten Nachfolger

Allerdings hat sich die Unterhaltungs- und Computerbranche in zwei Lager gespalten, die jeweils auf unterschiedliche Standards der blauen Laser bauen. Problem dieser beiden Standards ist, dass sie nicht miteinander kompatibel sind, was letztendlich dazu führen kann, dass Filmabende zukünftig nicht mehr über den Geschmack allein, sondern auch über die zur Verfügung stehende Technik entschieden werden. (1)

Auf der einen Seite setzen Sony, Matsushita, Pioneer, Thomson, LG Electronics, Hitachi, Sharp, Samsung, TDK, Philips, Panasonic und 40 weitere Firmen auf Blu-Ray.
Auf der anderen Seite gibt es die HD-DVD, welches von Toshiba, NEC, Intel, IBM, Sanyo und 23 anderen Firmen präferiert wird. (1) (4)

Die Frage, warum Anbieter auf die HD-DVD setzten, wo sie doch deutlich weniger Daten fasst als Blu-Ray ist zum einen in der erhöhten Zuverlässigkeit und Haltbarkeit begründet, zum anderen können die HD-DVD-Scheiben auf den Anlagen der heutigen DVD-Fertigungsstrassen produziert werden, was das Einstiegsinvestment und damit die Kosten des Herstellungsprozesses senkt. (1)

Die Schutzschicht der Blu-Ray beträgt 0,1 Millimeter, sodass die bisher verwendeten Polycarbonat-Materialien die benötigte Kratzer-Abwehr nicht mehr leisten konnten. Die Schutzschicht der HD-DVD bietet mit einer sechsmal so dicken Schicht ausreichenden Schutz wie bei herkömmlichen DVDs der ersten Generation.
Als Reaktion hat das Blu-Ray-Lager an neuen Materialien getüftelt. TDK hat demnach eine

Beschichtung gefunden, die die Scheiben 100 mal widerstandsfähiger macht als herkömmliche DVDs. Es handelt sich hierbei um einen extrem harten Kunststoff, ähnlich dem, der für die Kratzfestigkeit von Brillengläsern sorgt. (1)

Ein weiteres Problem der extrem feinen Strahlen der Blu-Ray-Technologie besteht darin, dass Verschmutzungen wie Fingerabdrücke und Staub den kleineren Strahl stärker streuen, wodurch die Disc leichter unleserlich würde. Die dickere Acryl-Schutzschicht der HD-Scheiben macht den Laser dagegen kontrollierbarer.
Das Blu-Ray-Lager kontert dagegen mit der Aussage, dass gerade aufgrund der Nähe des Lasers zum Medium die Ablenkung deutlich geringer ausfallen würde. Das würde auch dazu führen, dass Verzerrungen durch die Wärme im Abspielgerät, die bei jeder CD auftreten, nicht ins Gewicht fallen. (1)

Bisher sind Kombi-Laufwerke, die beide Standards unterstützen nicht in Sicht. (3)

Sony hat in Bezug auf Abspielgeräte und damit erfolgreichem Durchsetzen des von ihm präferierten Blu-Ray-Standards ein Zugpferd im Stall. Der Verkaufsschlager Play-Station soll in der nächsten Version auch Blu-Ray-Medien lesen.
Im Gegenzug hat Toshiba angekündigt, noch in 2005

HD-DVD-Rekorder anzubieten. Außerdem möchte Toshiba ein Hybrid-Medium auf den Markt bringen, welches als HD-DVD wie auch als DVD beschreibbar ist. (7)

Welche Faktoren werden die Wahl der Technlogie bestimmen?

Ausschlaggebend für den Erfolg einer der Technologien wird sein, wie sich die Computerindustrie und die Filmproduzenten und andere Content-Geber verhalten. So unterstützen derzeit Dell und Hewlett-Packard sowie 20th Century Fox und Walt Disney Blu-Ray. Warner Bros., Paramount, Universal und Time Warner wollen ihre neuen Filme auf HD-DVD herausbringen. Gerade die Unterstützung durch bedeutende Inhaltelieferanten gilt als entscheidender Wettbewerbsvorteil, denn die Konzerne können nicht auf Dauer beide Standards unterstützen und die Kunden werden sich dem Format zuwenden, welches die interessanteren Inhalte bieten kann. (1) (5)

Schon einmal wurde die Einführung eines Standards von der Pornoindustrie bestimmt. Das Format VHS schaffte es Mitte der siebziger Jahre binnen kürzester Zeit zum Hauptträgermedium pornografischer

Inhalte zu werden und damit die Videotheken zu überschwemmen. Es setzte sich damit gegen alle seine technologisch überlegenen Konkurrenten Video 2000 und Betamax durch.
Die Pornoindustrie präferiert den Standard Blu-Ray, da die größere Speichermenge beste Bildqualität, Detailansichten und zahlreiche Kamerperspektiven ermöglicht. (4)

Ein weiterer Grund für den Wechsel auf diese neuen Technologien liegt darin begründet, dass sie neben mehr Speicherplatz vor allem wesentlich mehr Schutz vor Raubkopierern böten. Zwar ist es nicht ganz trivial das 2006 erwartete Microsoft-Betriebssystem Longhorn an diesen Kopierschutz anzupassen, zumal sich Microsoft noch nicht für einen der beiden Standards entschieden hat. Aufgrund dieser Problematik werden sich die Computerhersteller aber wohl auch nur auf ein System einigen. (1)

Natürlich geht es bei dem Durchsetzen eines der beiden Formate auch um viel Geld. Die "Gewinner" können von jedem Hersteller eine Lizenzgebühr pro verkauftem Gerät und/oder pro verkaufter Scheibe verlangen. (7)

Fallbeispiele

Seit 1998 erlahmt das Geschäft der Pornofilmer kontinuierlich. Daher sucht diese Branche nach Neuerungen, die das Geschäft wieder beleben können. Während die technischen Neuerungen der vergangenen Jahre und hierbei insbesondere der Siegeszug des WWW die Pornobranche gebeutelt haben (so verteilt das WWW die entsprechende Ware kostenlos), versprechen der neu mögliche Detailreichtum und die Möglichkeit verschiedener Kamerperspektiven neues Geschäft. Allerdings wäre die Produktion von auf Blu-Ray abgestimmten Filmen deutlich teurer als die konventionelle Pornoproduktion. (4)

Philips präsentierte auf der diesjährigen Consumer Electronics Show in Las Vegas das erste Multiformat-PC-Laufwerk mit Blu-Ray-Technik. Es ist der Prototyp eines "All-in-One"-Laufwerks, welches CDs, DVDs und Blu-Ray-Discs liest und schreibt. In der zweiten Jahreshälfte 2005 soll es in den Handel kommen. (6)

Weiterführende Literatur

(1) Mit Blaulicht ins Heimkino

aus Süddeutsche Zeitung, 25.01.2005, Ausgabe Deutschland, S. 10

(2) Raum für 3-D-Speicher Holographische Speicher kurz vor der Markteinführung?
aus Neue Zürcher Zeitung, 21.01.2005, Nr. 17, S. 61

(3) Viel Spaß im digitalen Wohnzimmer
aus Frankfurter Allgemeine Sonntagszeitung, 16.01.2005, Nr. 2, S. 48

(4) Patalong, Frank, Durchbruch per Pornographie?, Spiegel Online, 12.01.2005
aus Frankfurter Allgemeine Sonntagszeitung, 16.01.2005, Nr. 2, S. 48

(5) Konsortien ziehen Anbieter von Inhalten auf ihre Seite streit um digitalen Standard
aus Financial Times Deutschland vom 10.01.2005, Seite 5

(6) Laufwerk liest Blu-Ray-Medien
aus Allgemeine Zeitung vom 8.1.2005

(7) Harter Kampf um die DVD-Nachfolge Firmen-Konsortien wollen ihre Formate durchsetzen – im Wettstreit von Blu-Ray und HD-DVD geht es um viel Geld
aus Frankfurter Rundschau v. 04.01.2005, S.11, Ausgabe: S Stadt

Impressum

Blu-Ray oder HD-DVD: Wer beerbt die DVD?

Bibliografische Information der deutschen Nationalbibliothek

Die Deutsche Nationalbibliothek verzeichnet diese Publikation in der deutschen Nationalbibliografie; detaillierte bibliografische Daten sind im Internet über http://dnb.d-nb.de abrufbar.

ISBN: 978-3-7379-0301-1

© 2015 GBI-Genios Deutsche Wirtschaftsdatenbank GmbH, Freischützstraße 96, 81927 München, www.genios.de

Alle Rechte vorbehalten. Dieses Werk ist einschließlich aller seiner Teile – z.B. Texte, Tabellen und Grafiken - urheberrechtlich geschützt. Jede Verwertung außerhalb der Grenzen des Urheberrechtsgesetzes bedarf der vorherigen Zustimmung des Verlags. Dies gilt insbesondere auch für auszugsweise Nachdrucke, fotomechanische Vervielfältigungen (Fotokopie/Mikroskopie), Übersetzungen, Auswertungen durch Datenbanken oder ähnliche Einrichtungen und die Einspeicherung und Verarbeitung in elektronischen Systemen.